Mapas de la Vía Láctea

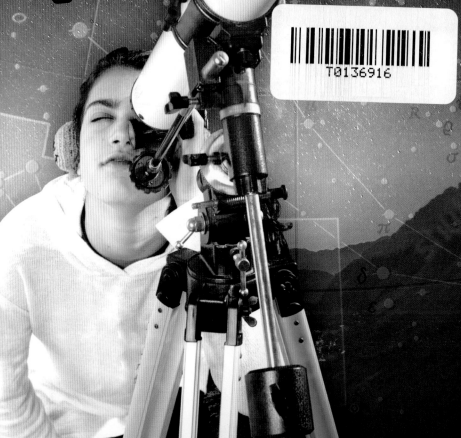

Nicole Sipe

❋ Smithsonian

Autora contribuyente

Allison Duarte, M.A.

Asesores

Tamieka Grizzle, Ed.D.
Instructora de laboratorio de CTIM de K–5
Escuela primaria Harmony Leland

Mark Reid
Astrónomo
Smithsonian

Créditos de publicación

Rachelle Cracchiolo, M.S.Ed., *Editora comercial*
Conni Medina, M.A.Ed., *Redactora jefa*
Diana Kenney, M.A.Ed., NBCT, *Directora de contenido*
Véronique Bos, *Directora creativa*
Robin Erickson, *Directora de arte*
Seth Rogers, *Editor*
Caroline Gasca, M.S.Ed., *Editora superior*
Mindy Duits, *Diseñadora gráfica superior*
Walter Mladina, *Investigador de fotografía*
Smithsonian Science Education Center

Créditos de imágenes: pág.9 Pasieka/Science Source; pág.11 Granger Academic; pág.12 Science History Images/Alamy; pág.13 Shootmybusiness/Shutterstock; pág.14 NASA; pág.15 Emilio Segrè Visual Archives/American institute of Physics/ Science Source; pág.17 (superior) Gianni Tortoli/Getty Images; pág.17 (inferior) Stock Montage/Getty Images; pág.19, pág.21, pág.24 (inferior) NASA; pág.23 (todas), pág.25 (inferior) Science Source; págs.24–25 NASA/JPL-Caltech; pág.26 Detlev van Ravenswaay/Science Source; pág.27 Mark Williamson/Science Source; todas las demás imágenes cortesía de iStock y/o Shutterstock.

Library of Congress Cataloging-in-Publication Data

Names: Sipe, Nicole, author.
Title: Mapas de la Vía Láctea / Nicole Sipe.
Other titles: Mapping the Milky Way. Spanish
Description: Huntington Beach, CA : Teacher Created Materials, [2020] |
  Includes index. | Audience: 2-3.
Identifiers: LCCN 2019035418 (print) | LCCN 2019035419 (ebook) | ISBN
  9780743927000 (paperback) | ISBN 9780743927154 (ebook)
Subjects: LCSH: Galaxies--Measurement--Juvenile literature. |
  Telescopes--Juvenile literature. | Milky Way--Juvenile literature.
Classification: LCC QB857.7 .S5718 2020 (print) | LCC QB857.7 (ebook) |
  DDC 523.1/13--dc23
LC record available at https://lccn.loc.gov/2019035418
LC ebook record available at https://lccn.loc.gov/2019035419

Smithsonian

Teacher Created Materials

5301 Oceanus Drive
Huntington Beach, CA 92649-1030
www.tcmpub.com

ISBN 978-0-7439-2700-0

Contenido

Un mapa de lo imposible

Imagina que estás en medio de un bosque grande. ¿Puedes contar todos los árboles del bosque desde tu lugar? Puedes contar los árboles que ves. Hasta puedes tratar de adivinar cuántos árboles hay en el bosque. Pero el bosque es grande, y tú estás en medio de él. Así, ¡contar todos los árboles parece una tarea imposible!

Eso es lo que les pasa a los científicos que están tratando de crear un mapa de la Vía Láctea. ¡Es algo muy difícil de representar en un mapa! La Vía Láctea es enorme. Además, la Tierra forma parte de la Vía Láctea. Y también está el molesto problema de que en el centro de la Vía Láctea hay gases y polvo que no nos permiten ver bien. ¿Cómo se puede hacer un mapa de la Vía Láctea en condiciones tan difíciles como estas? Mucha gente ha trabajado para encontrar una solución.

Hogar, dulce hogar

La próxima vez que estés al aire libre en una noche clara, mira hacia arriba. Puede ser que veas una banda grande de luz tenue que atraviesa el cielo oscuro. ¡Esa es una parte de la Vía Láctea!

La Vía Láctea es nuestro hogar. Es el nombre de nuestra **galaxia**. Una galaxia es un grupo de estrellas. ¡La Vía Láctea tiene miles de millones de estrellas! También tiene nubes, gas y hasta polvo.

Nuestro **sistema solar** forma parte de la Vía Láctea. La Tierra, los otros siete planetas, nuestra Luna y el Sol forman parte de esta galaxia.

Durante muchos años, se pensó que la Tierra estaba en el centro de la galaxia. Ahora sabemos que eso no es verdad. El Sol está como a dos tercios del camino desde el centro de la Vía Láctea. Nuestro sistema solar completa una vuelta alrededor de la Vía Láctea cada 215 millones de años. La última vez que la Tierra estuvo en el mismo lugar de la Vía Láctea que está ahora, los dinosaurios habitaban el planeta.

Esta es una parte de la banda de la Vía Láctea como se ve desde la Tierra.

Estrellita, ¿dónde estás?

Mira las estrellas de noche. ¿Parece que titilan? Eso sucede porque las estás viendo a través de una delgada capa de gases que rodea la Tierra. Esa capa se llama **atmósfera**. La atmósfera desvía la luz en distintas direcciones, y hace que las estrellas se vean como luces titilantes.

La Vía Láctea es una galaxia espiral. Desde arriba, se vería como un espiral con un bulto en el centro. Tiene cuatro brazos brillantes y curvados que forman un disco. Imagínate un molinete espacial gigantesco. A diferencia de un molinete, la Vía Láctea nunca se queda quieta. Siempre está moviéndose y cambiando. La Tierra y el resto de nuestro sistema solar están cerca de uno de los brazos de la Vía Láctea.

El centro de la Vía Láctea es mucho más difícil de ver que los brazos. Gruesas capas de polvo y gas impiden que lo veamos. Algunos científicos piensan que en el centro hay un gran agujero negro. Un agujero negro es una zona del espacio en la que hay una gravedad tan fuerte que la luz no puede escapar.

El halo es el borde exterior de la Vía Láctea. En esta zona caliente y gaseosa, hay estrellas viejas y materia oscura. La materia oscura es invisible. Pero sabemos que está allí porque su gravedad atrae materia que sí podemos ver.

Un agujero negro es tan fuerte que atrae y captura cualquier cosa que se le acerque. ¡Hasta puede unirse con otros agujeros negros!

Una galaxia espiral se parece un poco a un molinete.

¿Qué tamaño tiene?

Sabemos que la Vía Láctea es enorme. Es tan grande que la mayoría de las personas no pueden ni siquiera imaginar su tamaño. Nuestro Sol es solo una de unas 100,000 millones de estrellas que forman la Vía Láctea. Para entender cuántas son esas estrellas, tenemos que empezar por compararlas con algo más pequeño.

Piensa en un grano de arena. Imagina lo pequeño que es. Te caben miles de granos de arena en una mano. Necesitarías 100 camiones cargados de arena para llegar a tener 100,000 millones de granos de arena. Ahora, en vez de diminutos granos de arena, imagínate estrellas del tamaño de nuestro Sol. ¡Son un montón de estrellas!

Todas esas estrellas no están cerca unas de otras. En realidad, están muy apartadas. Las estrellas se ven pequeñas en el cielo, pero eso es porque están muy lejos de la Tierra. El Sol parece la estrella más grande del cielo porque está muy cerca. Hay muchas estrellas en la galaxia que harían que el Sol pareciera muy pequeño si estuvieran más cerca de la Tierra.

Hiparco mira las estrellas.

El hombre y la Luna

El **astrónomo** Hiparco, de la antigua Grecia, quería averiguar a qué distancia de la Tierra estaba la Luna. Para hacerlo, usó datos de un eclipse solar. Un eclipse solar se produce cuando el Sol, la Luna y la Tierra están alineados. La Luna bloquea la luz del Sol. En diferentes partes de la Tierra, la Luna cubre distintas porciones del Sol. Hiparco usó esta información para calcular la distancia entre la Luna y la Tierra.

Puntos de vista

Es difícil hacer un mapa de la Vía Láctea debido a su tamaño. A lo largo de los años, los científicos han intentado diferentes maneras de hacer mapas de las estrellas. Es emocionante cada vez que los científicos aprenden algo nuevo. ¡Es como agregar una pieza más a un rompecabezas gigante!

Henrietta Leavitt fue una científica que trabajó en Harvard a principios del siglo xx. Leavitt encontró una manera de medir la distancia a la que estaban ciertas estrellas basándose en cómo cambiaba su brillo con el tiempo. Su trabajo ayudó a los astrónomos a aprender sobre la Vía Láctea. Uno de ellos fue Harlow Shapley. Shapley midió la distancia entre la Tierra y distintos grupos de estrellas de la Vía Láctea. Algunos de estos grupos formaban una esfera alrededor de un lugar en el espacio. Esa esfera parecía ser el centro de la Vía Láctea. Eso demostró que el Sol no estaba en el centro de la galaxia.

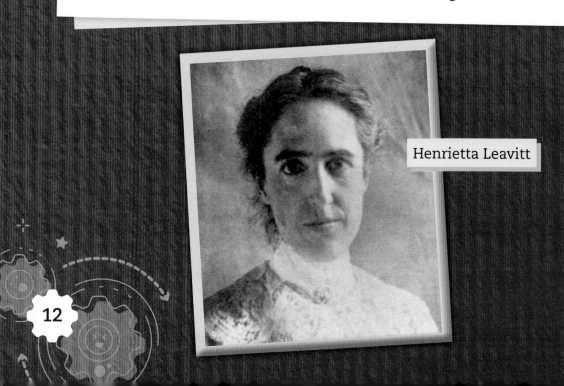

Henrietta Leavitt

Stonehenge

Es posible que los seres humanos hayan estudiado la Luna y las estrellas desde la Edad de Piedra. Muchas estructuras antiguas de todo el mundo parecen estar relacionadas con el recorrido del Sol y la Luna en el cielo. Una de las más famosas es Stonehenge, en Inglaterra. Al principio, se pensaba que el monumento era solo una obra de arte. Después, algunas personas se dieron cuenta de que las piedras se alinean con el Sol y la Luna en diferentes momentos del año.

Antes se pensaba que todas las estrellas que se ven en el cielo eran parte de la Vía Láctea. Un científico llamado Edwin Hubble cambió esa idea.

Hubble estudió una pequeña **nebulosa** llamada Andrómeda. Descubrió que no era solo gas y polvo. Era un grupo de estrellas que estaban mucho más lejos que cualquier otra cosa de la Vía Láctea. Era una galaxia entera. Los científicos tuvieron que revisar lo que creían saber acerca del espacio.

Hubble cambió la manera en que los científicos consideraban la Vía Láctea. Ahora sabemos que hay más de 100,000 millones de galaxias. Algunas son más pequeñas que la Vía Láctea. Otras son mucho más grandes. La Vía Láctea no es más que una pequeña parte del **universo**.

nebulosa

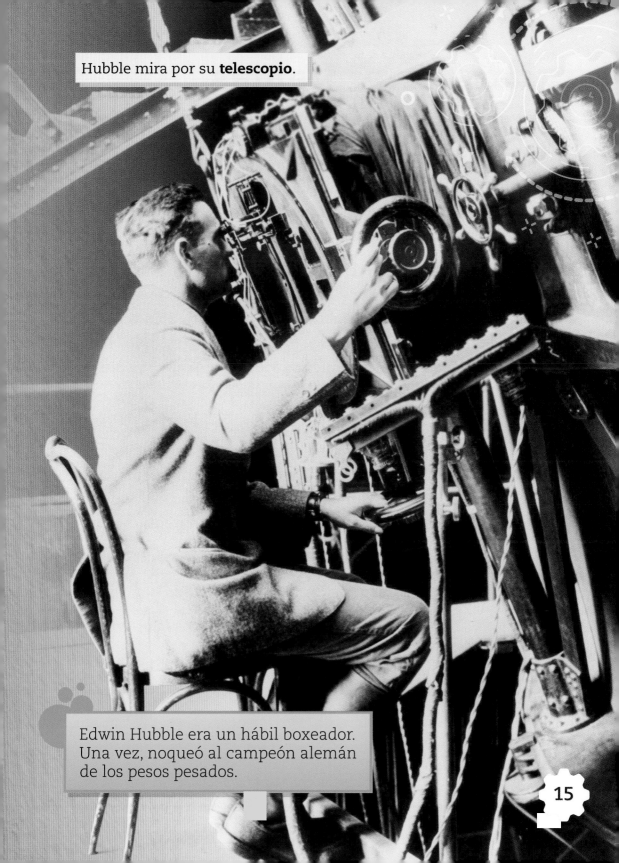

Hubble mira por su **telescopio**.

Edwin Hubble era un hábil boxeador. Una vez, noqueó al campeón alemán de los pesos pesados.

Las herramientas del científico

Los científicos usan muchos tipos de herramientas para estudiar la Vía Láctea. Un instrumento muy útil es el telescopio. Los telescopios **ópticos** se usan para estudiar la luz y para observar cosas que están muy lejos.

El primer telescopio se inventó en el siglo XVII. Sus imágenes eran pequeñas y borrosas. Galileo Galilei se basó en ese diseño y lo mejoró mucho. Con su instrumento, ¡se podían ver **cráteres** en la Luna! Con el tiempo, se construyeron telescopios más potentes. Les agregaron lentes de vidrio y espejos. Se pudo tener una imagen más clara del espacio.

Los astrónomos aprenden mucho al estudiar la luz de las estrellas con un telescopio. Pueden averiguar de qué está hecha una estrella. Pueden saber su tamaño. Pueden calcular a qué velocidad se mueve. También pueden saber hacia dónde va. ¡Se puede aprender mucho con solo mirar un puntito de luz!

De junio a agosto es el mejor momento para observar la Vía Láctea.

Dos de los primeros telescopios de Galileo se conservan en un museo.

Galileo Galilei

Los científicos usan **ondas de radio** para estudiar los sonidos del espacio. Un radiotelescopio tiene dos partes: una antena y un receptor. La antena apunta al cielo. Capta las ondas de radio que llegan a la Tierra. Luego, el receptor convierte las ondas en datos que se pueden estudiar. Estos instrumentos hasta pueden crear imágenes a partir de los ruidos que detectan.

Las ondas de radio que llegan del espacio pueden ser grandes. ¡Algunas son tan largas como un campo de fútbol americano! Para captar estas señales, los científicos necesitan antenas grandes. Esas antenas parecen tazones enormes.

Para construir telescopios todavía más grandes, los científicos agrupan telescopios más pequeños. Los telescopios actúan como una sola antena gigante. Forman un conjunto de telescopios. Hay muchos conjuntos en todo el mundo.

conjunto de radiotelescopios en Nuevo México

Conjunto de Base Muy Larga

Brewster, Wash.

Pie Town and Los Alamos, N.M.

Hancock, N.H.

North Liberty, Iowa

Owens Valley, Calif.

Kitt Peak, Ariz.

Fort Davis, Texas

Mauna Kea, Hawaii

St. Croix, V.I.

1,000 km

1,000 miles

INGENIERÍA

Juntos son más

El Conjunto de Base Muy Larga se construyó en 1993. Se instalaron diez antenas de radio en distintos lugares de Estados Unidos. Y se combinaron para que trabajaran en conjunto. Cada una recoge datos de la porción del cielo que tiene por encima. Actualmente, el conjunto se usa para hacer un mapa de la Vía Láctea.

Los telescopios de rayos X y de **rayos gamma** se usan para estudiar los objetos más calientes del espacio: en general, el Sol y algunas estrellas. Estos instrumentos se instalan en montañas muy altas.

Los telescopios **infrarrojos** se usan para observar cosas que emiten calor. Estos instrumentos nos ayudan a ver el centro de las galaxias. También podemos observar las nubes de gas y de polvo del espacio, que son el lugar donde nacen las estrellas. Para que funcionen mejor, los telescopios infrarrojos deben mantenerse fríos. Por lo tanto, usualmente se colocan en el espacio.

El telescopio Hubble es un ejemplo de telescopio reflector. Usa espejos para producir imágenes. Es el más grande de los telescopios espaciales. Forma parte de la nave espacial Hubble. ¡La nave espacial Hubble tiene aproximadamente el tamaño de un autobús escolar! Gira en **órbita** alrededor de la Tierra a una velocidad de unos 8 kilómetros (5 millas) por segundo desde 1990.

El Hubble toma fotos del espacio. Apunta en dirección opuesta a la Tierra. Eso le permite ver en lo profundo del universo. El Hubble ha tomado fotos de planetas, estrellas y cometas, entre otras cosas. Los científicos han aprendido mucho sobre la Vía Láctea con este instrumento.

La nave espacial Hubble gira en órbita alrededor de la Tierra.

Este telescopio de rayos X se pone a prueba para que resista temperaturas extremadamente bajas.

TECNOLOGÍA

¡Qué calor!

Todo lo que está en la Tierra despide calor. Aun las cosas que están muy frías, como el hielo, despiden algo de calor. Por eso es difícil usar telescopios infrarrojos en la Tierra. Los telescopios infrarrojos detectan el calor de todo lo que los rodea.

Los científicos tienen otro instrumento que usan para hacer un mapa de la Vía Láctea. Es un telescopio óptico llamado Gaia. El telescopio Gaia se envió al espacio en 2013. Su misión es ayudar a hacer un mejor mapa de la Vía Láctea. Localizará más de 1,000 millones de estrellas.

Gaia reúne datos sobre las cosas que ve. Registra la ubicación de las estrellas en el espacio. También registra la velocidad a la que se mueven. Guarda datos del brillo y la temperatura de cada estrella. Y también averigua de qué está hecha cada estrella. Esos datos se envían a la Tierra. Los científicos usan los datos para crear un mapa tridimensional de la Vía Láctea.

Hasta ahora, ¡Gaia ha encontrado 400 millones de estrellas que no conocíamos! La Vía Láctea es más grande de lo que pensábamos.

Gaia tendrá más de un millón de gigabytes de información sobre la Vía Láctea cuando acabe su recorrido espacial. ¡Toda esa información ocuparía 200,000 DVD!

Cada punto de este mapa
representa un asteroide
que halló Gaia.

La próxima frontera

Entonces, ¿qué nos queda por aprender de la Vía Láctea? ¡Mucho! Sí, sabemos muchas cosas sobre nuestra galaxia. Pero solo hemos visto y registrado el 1 por ciento. Apenas empezamos a descubrir todos sus secretos.

Todos los días se hacen nuevos descubrimientos. Recientemente, un grupo de científicos encontró nueva evidencia de que hay un agujero negro enorme en el centro de la Vía Láctea. La masa de este agujero es cuatro millones de veces mayor que la de nuestro Sol.

Un grupo de estrellas parece girar en órbita alrededor del agujero negro de la misma manera en que la Tierra gira alrededor del Sol. A esas estrellas les lleva 16 años terrestres completar su órbita. Esa es la mejor evidencia que tienen los científicos de que el agujero negro existe.

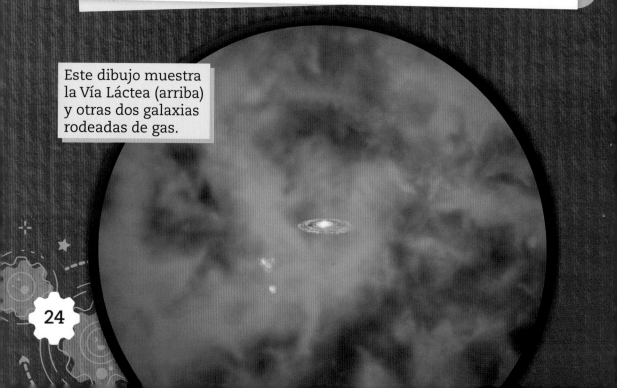

Este dibujo muestra la Vía Láctea (arriba) y otras dos galaxias rodeadas de gas.

Los puntos brillantes que se ven en esta imagen infrarroja son un grupo de estrellas que está en el medio de la Vía Láctea.

El halo de materia oscura de la Vía Láctea forma cerca del 90 por ciento de la masa de nuestra galaxia.

El mapa de la Vía Láctea es un proyecto que no terminará nunca. Es como un rompecabezas con un número desconocido de piezas. Cada descubrimiento nuevo puede llevar muchos años. ¡Pero es emocionante cada vez que encontramos algo nuevo! Es una oportunidad de hacernos una mejor imagen de este lugar del espacio en el que vivimos. ¿Quién sabe qué aprenderemos en los años que vendrán?

Cuando se trata de hacer un mapa de la Vía Láctea, los científicos saben algo con toda seguridad. ¡Saben que todavía hay mucho que no saben! Pero, con el tiempo, la tecnología mejorará. Los instrumentos que usamos para hacer el mapa de la Vía Láctea también mejorarán. Todo esto nos ayudará a estudiar el espacio de maneras que no podemos siquiera imaginar.

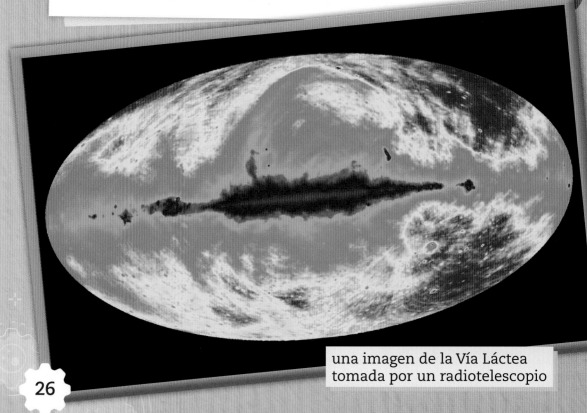

una imagen de la Vía Láctea tomada por un radiotelescopio

astrónomos sobre la antena
parabólica de un radiotelescopio

DESAFÍO DE CTIAM

Define el problema

Los científicos han desarrollado un nuevo telescopio infrarrojo. Sus imágenes nos darán más datos sobre las estrellas y la Vía Láctea. Ahora, tienen que usar una nave espacial para enviarlo al espacio. Tu tarea es diseñar y construir un escudo, o blindaje, para la nave espacial. Tu blindaje debe bloquear la radiación del Sol y de otros objetos del espacio.

 Limitaciones: Solo puedes usar distintos tipos de papel para construir el blindaje.

 Criterios: Pondrás a prueba el blindaje poniéndolo encima de una linterna. Los materiales deben impedir que la luz atraviese el blindaje.

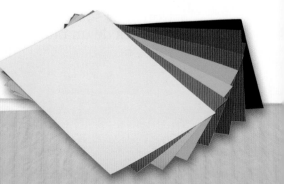

Investiga y piensa ideas

¿Cómo funcionan los telescopios infrarrojos? ¿Por qué los telescopios infrarrojos están generalmente en el espacio? ¿Qué tipos de materiales absorben la luz?

Diseña y construye

Bosqueja tu diseño. ¿Qué propósito cumple cada parte? ¿Qué tipos de papel funcionarán mejor? Construye el modelo.

Prueba y mejora

Pon a prueba tu diseño alumbrándolo con una linterna. ¿Los materiales llegaron a bloquear la luz? ¿Cómo puedes mejorar tu blindaje? Modifica tu diseño y vuelve a intentarlo.

Reflexiona y comparte

¿El blindaje podría funcionar con menos papel? ¿El modelo también bloquea el calor? ¿Cómo podrías probar esto último? ¿Cómo crees que los científicos prueban los instrumentos espaciales en la Tierra?

Glosario

astrónomo: una persona que estudia las estrellas, los planetas y otros objetos del espacio

atmósfera: la masa de aire que rodea a la Tierra

cráteres: hoyos que se forman por la caída de meteoritos

galaxia: uno de los grandes grupos de estrellas que forman el universo

halo: un círculo de luz que se ve alrededor de un objeto

infrarrojos: que usan luz que el ojo humano no puede ver

nebulosa: una nube de gas o polvo que está en el espacio y que a veces se puede observar de noche

ondas de radio: radiación electromagnética con longitudes de onda mayores que las de la luz infrarroja

ópticos: relacionados con la luz o que usan luz

órbita: el camino curvo que sigue un objeto mientras gira alrededor de algo

rayos gamma: tipos de rayos invisibles emitidos por las cosas radiactivas

sistema solar: el Sol y los planetas que giran a su alrededor

telescopio: un dispositivo que usa lentes para que los objetos se vean más grandes y parezcan estar más cerca

universo: todo el espacio y todo lo que contiene

Índice

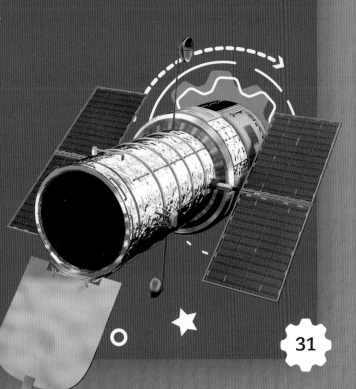

CONSEJOS PROFESIONALES
del Smithsonian

¿Quieres explorar el espacio?
Estos son algunos consejos para empezar.

"Muchas cosas de la Vía Láctea todavía son un misterio. ¡Eso es lo que hace que su estudio sea un desafío emocionante! Si esto es lo que quieres hacer, necesitas una formación sólida en matemáticas, física y química. Esas son materias difíciles, ¡así que prepárate para estudiar mucho!". —**Mark Reid, radioastrónomo superior**

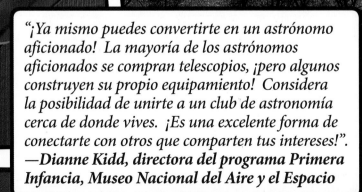

"¡Ya mismo puedes convertirte en un astrónomo aficionado! La mayoría de los astrónomos aficionados se compran telescopios, ¡pero algunos construyen su propio equipamiento! Considera la posibilidad de unirte a un club de astronomía cerca de donde vives. ¡Es una excelente forma de conectarte con otros que comparten tus intereses!". —**Dianne Kidd, directora del programa Primera Infancia, Museo Nacional del Aire y el Espacio**